Los animales viven aquí

La vida en las montañas

por Connor Stratton

nivel
2
little blue
readers
en español

www.littlebluehousebooks.com

Traducción: © 2023 por Little Blue House
Título original: Life in the Mountains
Texto: © 2023 por Little Blue House
Traducción: Annette Granat

La serie Little Blue House es distribuida por North Star Editions.
sales@northstareditions.com | 888-417-0195

Este libro ha sido producido para Little Blue House por Red Line Editorial.

Fotografías ©: Imágenes de Shutterstock: portada, 4, 7 (imagen inferior), 9, 15 (imagen superior), 15 (imagen inferior), 16–17, 18, 21 (imagen superior), 21 (imagen inferior), 23, 24 (esquina superior izquierda), 24 (esquina superior derecha), 24 (esquina inferior derecha); imágenes de iStock: 7 (imagen superior), 11, 12, 24 (esquina inferior izquierda)

Library of Congress Control Number: 2022912223

ISBN
978-1-64619-696-8 (tapa dura)
978-1-64619-728-6 (tapa blanda)
978-1-64619-790-3 (libro electrónico en PDF)
978-1-64619-760-6 (libro electrónico alojado)

Impreso en los Estados Unidos de América
Mankato, MN
012023

Sobre el autor

Connor Stratton disfruta explorar nuevos lugares, detectar nuevos animales y escribir libros para niños. Él vive en Minnesota.

Tabla de contenido

Animales de montaña

Las montañas son altas y frías.

Los yaks viven aquí.

Muchos otros animales también viven aquí.

Las cabras viven en
las montañas.

Ellas tienen cuernos y pezuñas.

Ellas pueden escalar montañas
y saltar por las rocas.

Las marmotas viven en las montañas. Ellas tienen grandes dientes delanteros.

Las mariposas viven en las montañas.
Ellas vuelan con sus alas de colores.

Las aves

Las aves viven en las montañas.
Algunas pueden volar tan alto
como una montaña.

Los cuervos viven en
las montañas.
Estos pájaros tienen
plumas negras.
Los buitres también viven en
las montañas.
Estas aves tienen cuellos largos
y alas grandes.

Las águilas viven en
las montañas.
Estas aves tienen
garras afiladas.
Ellas usan las garras para
agarrar animales pequeños.

Los mamíferos

Muchos mamíferos viven en las montañas.

Los mamíferos tienen pelaje o pelo.

Los leopardos viven en
las montañas.

Estos mamíferos tienen el
pelaje manchado.

Las llamas también viven en
las montañas.

Estos mamíferos tienen el
cuello largo.

Los osos viven en las montañas.

Estos mamíferos tienen un pelaje

grueso y los dientes afilados.

Ellos pueden rugir con fuerza.

Glosario

águila

leopardo

cabra

oso

Índice